AF588657

# LEUCHTENBERG ET COBOURG.



Et ecce Michaël, unus de principibus primis, venit in adjutorium......

DANIEL, caput X, vers. 13.



1826

Un fait nouveau s'accomplit en Portugal.

C'est révéler un scandale, c'est dénoncer un attentat.

Il serait inutile, honteux même en cas pareil et pour de telles énormités, d'invoquer des droits imprescriptibles et reconnus, lâche et messéant d'user de récriminations et de plaintes, hors de propos d'arguer de lésion et d'injure, indigne de nous enfin d'appeler ici des arbitres ou d'invoquer des juges; seule règle dans l'espèce et l'actualité, une loi existe, citons la loi :

Loi de Lamego, art. V.

(1) « Si le roi de Portugal n'a point d'en« fans mâles et qu'il ait une fille, elle sera « reine après la mort du roi, mais *à cette « condition*, qu'elle ne pourra prendre pour « époux qu'un noble portugais.

Art. VI.

« Et que cette loi soit éternelle, savoir, « que la fille du roi prenne toujours pour « mari un seigneur portugais, afin que l'em« pire ne puisse passer à l'étranger. Si donc « la fille du roi épouse un seigneur étranger, « elle ne sera point reine, ne voulant pas

Lex Lamæc.

(1) Faciamus in principio leges de hæreditate regni.

V.

Si rex Portugalliæ non habuerit *masculum* et habuerit *filiam*, ista erit regina, postquam rex fuerit mortuus, *de isto modo*, non accipiet *virum nisi de Portugal, nobilis....*

VI.

Sit ista lex in simpiternùm, quod prima filia regis accipiat maritum *de Portugalle*, ut non *veniat regnum ad extraneos*, quia *nunquam volumus nostrum regnum ire for de Portugaleusibus.*

Dixerunt omnes : nos sumus omnes cum filiis, filiabus, neptibus et nepotibus..... etc.

Istæ sunt leges regni nostri, et legit eas Albertus, cancellarius regis, ad omnes : et dixerunt : « bonæ sunt, justæ sunt, volumus eas *per nos, et per semen nostrum post nos.*

« que jamais le sceptre sorte des mains des « Portugais. »

« Telles sont les lois d'hérédité du trône; « et le chancelier du roi les lut au peuple « assemblé et tout le peuple s'écria : « Elles « sont bonnes, elles sont justes, et nous les « voulons pour nous et pour notre postérité « après nous. »

Art. VII.

Formes bibliques et sacrées.

La loi s'explique donc, loi authentique et sacrée, contrat libre et réciproque (et à ce titre le violer, serait attenter universellement à l'état des nations et des rois), qui tout à la fois et par l'union du peuple et du monarque, constitua le trône et l'empire; pacte vraiment national, héritage solidaire et le testament politique du fondateur, dont la volonté sage et toujours obéie, n'est ni révocable ni révoquée.

« C'est par de si sages lois, dit Vertot, que la couronne s'est conservée dans la royale maison d'Alphonse. »

Ici donc aussi et conséquemment il y eut chose jugée, droit perdu ou acquis.

Effectivement, et d'accord avec la raison et l'équité, tel fut à cet égard et dans l'espèce, le jugement solennel et incontestable, des publicistes les plus intéressés à la question et les moins suspects en telle cause.

« Son Altesse royale, la princesse de Beira

Exposé des droits de dona Maria II, par le marquis de Palmella, pag. 6. Paris, 1830. Bobée et Hingray.

Ainsi jugé, à l'occasion de Béatrix, épouse de don Juan de Castille, et devenue étrangère, et à l'égard des enfans d'Isabelle, femme de Charles V, eux-mêmes étrangers.

« dona Maria Theresa et l'infante dona Ma-
« ria Francisca d'Assisses, sont exclues de
« la succession à la couronne, pour avoir
« épousé des princes étrangers (1), et cela
« d'après la disposition expresse de la loi des
« cortès de Lamego et par la renonciation
« solemnelle qu'elles firent de cette succes-
« sion, dans les articles de leur mariage (2). »

Quelles que fussent ses prétentions ou titres antérieurs à la couronne de Portugal, dona Maria, devenue l'épouse d'un étranger, perdit en *conséquence et irrévocablement* ses droits à la couronne de Portugal, la cause est vidée, l'arrêt concluant et nous y adhérons.

Un décret subséquent des Etats, décision légitime et nationale, oseront dire sans doute ses propres juges en contradiction avec eux-mêmes et pris en flagrant délit, releva cette

Lisbonne, 1er janvier 1836.

(1) Défenseur officiel de l'*indigénat*, Palmella, étranger lui-même, épouse, au nom d'un prince étranger, une princesse brésilienne, veuve déjà d'un étranger. Un tel acte répond à tout, et nous laissons ici à la foi publique, l'appréciation des hommes et des choses.

(2) Art. II et III de l'Etat du peuple. Cortès, 1641.

princesse d'une *incontestable déchéance*, ou plutôt et par *dérogation* à la loi, les Etats la dispensèrent de s'y soumettre. *Voyez* note A.

(1) « Il n'appartient en effet à personne « de modifier dans les lois d'hérédité, ce qui « fut établi au commencement, sinon que la « nation et le roi qui seuls ont l'autorité de « changer l'ancienne succession, ne l'admet- « tent d'accord. » Manifeste 1642.

Soit : mais où furent les véritables Etats ? et en qui trouver le prince indubitable ? La loi seule encore en peut décider.

Une loi souveraine et absolue, tenue pour telle et à ce titre admise et invoquée, doit également et en tout point, pour qui la reconnut et l'admit, demeurer absolue et souveraine.

S'il n'est permis à aucun en effet et cela sans cause et sans raison, de scinder la loi, de réduire la loi, d'ajouter à la loi, encore est-il moins donné à quiconque dans un motif évident d'intérêt et de passion, l'invoqua

(1) Nec variandum est in regnis. modi succedendi, quod primò erat statutum, nisi admisissent id populi et reges, quibus solis est auctoritas morem antiquum immutandi.

et l'admit, de récuser la loi, de morceller la loi, d'opposer la loi à la loi et surtout et à dessein, d'en faire tour à tour et selon le temps et les circonstances, tantôt un bouclier à l'usurpation, tantôt un glaive contre la légitimité.

Une loi en un mot fut citée, reconnue, invoquée; oui ou non, cette loi subsiste : or subsiste-t-elle?

Loi de Lamego, art. XX. Le texte a plus de force.

(1) « Le roi lui-même, s'il était tel qu'il « reconnût un supérieur étranger, le roi cesserait de régner.

Etats de Lisbonne, 1641. Chap. I^er^, de la Noblesse.

« La succession ne pourra jamais écheoir « à un prince étranger, ni à ses enfans, fussent-ils les plus proches parens du roi dernier possesseur.

« Dans le cas où le roi serait appelé à la « succession d'un autre royaume ou d'un plus « grand empire il sera obligé de vivre toujours « en Portugal, et s'il a deux ou plusieurs en« fans mâles, le fils aîné ira régner dans le

Rex lamæ., art. XX. Suprema verba populi, cum regale consensu.

(1) Rex si fuerit talis quod consentiat dominum alienum, *non regnet, moriatur!* et iterùm rex : *ità fiat.*

Que a successao do reyno, nao possa vir, nunca a principe estrangeiro, nem a filios seus, etc.

« royaume étranger et le second régnera en « Portugal et y sera seul reconnu pour héri- « tier et légitime successeur, et dans le cas où « il n'y aurait qu'un seul enfant pour tout hé- « ritier desdits royaumes, les royaumes seront « partagés entre ses enfans dans la forme sus- « dite (1). »

*Voyez* également le chap. II et III de l'Etat du peuple, et le chapitre Ier, de la Noblesse, avec la sanction royale (patente real) de don Juan IV, *au bas de cette page.*

A tel titre et sur ce fondement, les cortès générales du royaume, seules légitimes selon la loi fondamentale et nationale, légalement convoquées sur *leur propre instance* et d'après *les formes, usages et coutumes de la monarchie*, le royaume assemblé dans les Etats enfin, *à qui il appartient exclusive-*

*Voyez* 1° l'adresse de la noblesse et des autres Etats au seigneur don Miguel, pour le prier de prendre la couronne et d'abolir la Charte intruse; 2° le décret de convocation des Etats, et immédiatement la note B.

(1) E se ordem de modo que nunca jamais o possa herdar rei Algum nem principe estrangeiro, de maneira que o rey, que houver de ser deste reyno de Portugal, seja natural, e Portuguez legitimo....

Mêmes Etats, ch. II et III, du Peuple.

E que tendo *somente* filhas, a mayor, succeda no reyno, com, declaracao que casara dentro nelle com a pessoa natural... E casando em *outra forma*, *fique inhabil* ella e *seus descendentes*.

Chap. Ier, de la Noblesse.

E mando que em tudo, e por tudo se e cumprao, e guardem, e hajao effeito tao ènteiramente, como he declarado em cada huma ditas das rèpostas, sem duvida, nem minguamento Algum, etc.

Patente de Jean IV.

*ment et aux termes consacrés, de nommer, d'élire, d'élever,* nominare, eligere, assumere, *de décider* en un mot de la *succession, lorsqu'il se trouve doute entre les prétendans* (1), déclarèrent, ce qui ne laisse place à aucune autre royauté dans un empire où il est de principe qu'il ne peut y avoir *deux rois à la fois*, ni surtout à aucune *interposition, ni superfétation quelconque de nature étrangère*, déclarèrent, répétons-nous, toutes conditions, décisions et circonstances de la loi, résolues en la seule personne qu'elles désignaient, comme monarque certain, héritier légal, prince nécessaire, et en elle seulement. « Grand et inébranlable fon- « dement, prirent soin d'établir ces mêmes « Etats, avec autant de jutice que d'autorité, « de son *incontestable royauté* (2). »

Assento Feito em cortez, 1641.

(1) « Il appartient seulement au royaume assemblé dans les Etats, de juger de la succession légitime du même royaume lorsqu'il y a doute entre les prétendans. »

Ao reyno compete somente julgar e declarar, etc.

Manifeste des Etats nationaux, 1828.

(2) « Si les lois en effet avaient exclu le seigneur « D. Pèdre de la succession à la couronne, au moins « depuis le 15 novembre 1825, la couronne portugaise

Que si néanmoins, et dans l'espèce en effet et à l'occasion du Portugal, il serait difficile de décider, si même et supposés d'accord, le légitime monarque et le peuple légalement assemblé, seraient en droit, *d'après l'autorité d'un simple manifeste*, d'abroger la loi primitive et fondamentale, contrat sacré que les fondateurs de l'empire scellèrent de leur sang et conservèrent sept siècles durant par leur valeur et leur fidélité, pacte qui constitue l'Etat, monument enfin où s'attache le nom national et se lie son indépendance, de telle sorte qu'en l'abolissant, le Portugal abjurerait gloire, liberté, souve-

« le 10 mars 1826, appartint incontestablement au « seigneur D. Miguel, puisque les deux princes étant « appelés *l'un après l'autre*, *le premier exclu*, la cou- « ronne, par cette exclusion légale, fut nécessairement « *dévolue au second*.

« Voilà donc le grand, l'inébranlable fondement « d'après lequel les trois Etats ont reconnu leur roi et « maître légitime, dans la personne auguste du sei- « gneur D. Miguel....

« Effectivement, si D. Pèdre eût possédé ses droits « de primogéniture, et qu'il ne les eût point perdus « avant le décès de son père, la nation les eût fidèle- « ment et promptement reconnus.... »

Si mortuus primus filius, vivente patre, secundus erit rex, si secundus, tertius.... Lex lamæc., art. II.

de la vérité (et la loi en main nous portons défi à tout publiciste versé dans la matière, d'arguer de faux ou de nous rien opposer), c'est un fait que nous constatons, un droit que nous maintenons, sans prétendre d'ailleurs en référer d'aucune sorte, au jugement, à l'intégrité ni au patronage d'aucun.

Scandale, attentat, dîmes-nous cependant, à l'occasion du Portugal. Scandale et attentat, nous dîmes bien.

A son égard en effet et du côté des siens, dans sa cause également et de la part des rois, il y eut abus, lésion, et ici l'injure se complique d'actes inouis, de faits étranges et de procédés, devrons-nous ajouter, inqualifiables et sans excuse comme sans nom.

Nationalité, tel est véritablement l'esprit, tel est le but du contrat, le prince et le peuple de concert, consacrèrent avant tout la nationalité. La nationalité, c'est le *sine-qua-non* de l'empire, c'est son palladium; la loi, enfin, toute la loi, se résout dans ce terme : NATIONALITÉ.

Exemple unique, parmi les peuples, digne en soi d'admiration et qui mériterait d'être universellement suivi et imité; le seul

Portugal en fixant étroitement *l'indigenat*, établit l'ordre de succession (1) incomparablement le plus parfait et le mieux réglé, et seul encore, prince et peuple, mu d'une même volonté, dès l'origine et par succession, s'assurant contre l'avenir, rendit quant à soi, la nationalité radicalement indéfectible et la royauté solidaire et autant qu'il se peut dire, vraiment patriote et citoyenne.

Le roi et le peuple, librement unis et stipulant ses *conditions, effets et restrictions*, venaient conjointement de fixer l'hérédité. Un point seul restait indécis et un scrupule religieux occupait l'esprit du prince fondateur. Laurent de Venegas, son avoué, le roi

Si mortuus filius primus, art. II.
Si mortuus rex sine filiis, si habeat fratrem.... Art. III.

(1) « La succession n'est établie qu'en vue du bien « public et du salut commun. »

Wattel.

La cognation à ce titre et sans la condition expresse d'indigénat ici stipulée, serait, sans comparaison, l'ordre d'hérédité le plus défectueux. Eh quel sort en effet plus fâcheux pour un peuple, que de passer de main en main, que de se voir transféré de sceptre en sceptre, lui, ses lois, ses destinées, sa nationalité, au caprice d'une femme et aux termes d'un contrat, souvent forcé, toujours ambitieux ? Voyez l'histoire d'Angleterre et ses pages sanglantes.

Mathilde et Adèle, Phillippa de Clarence et Marguerite de Lancastre, Jeanne Gray, Anne Stuart, etc.

présent, s'adresse de sa part et parle en ces termes aux représentans de la nation également présente et assemblée :

Lamego, art. IV.

(1) « Le roi demande, si vous voulez que « les filles entrent dans la succession du trône, « et si c'est votre intention de faire des lois à « cet égard. »

La question exige un examen sérieux, *la discussion s'engage et dure plusieurs heures*, le conseil enfin s'accorde, conclut et justifie sa réponse.

Act. V et VI.

« Nous voulons que les filles du roi aient « également droit à la succession de la cou« ronne; si donc le roi de Portugal n'a point « d'enfant mâle et qu'il ait une fille, elle « sera reine après sa mort, *mais à cette con« dition*, qu'elle ne prendra *point d'époux*, « *sinon un noble portugais*, afin que le trône « ne passe point à un étranger, et *si elle*

De isto modo.

Lex lamæc, art. IV.

(1) Dixit posteà Laurentius Venegas, procurator domini Regis ad procurantes : « Dicit Rex si vultis quod intrent filias ejus, in hæreditatem regnandi, et si vultis facere leges de illas ?.... »

Et posteà quam *altercaverunt per multas horas* : « Etiam filiæ domini Regis.... volumus eas intrare in « regno.... »

« *épouse un étranger elle ne sera plus reine,* « car nous ne voulons point que jamais la « royauté sorte des mains des Portugais, eux « qui seuls, sans secours, par leur unique « valeur et au prix de leur sang, ont fait et « constitué les rois. »

Loi obéie, à l'occasion de l'infante Béatrix, fille unique de Ferdinand Ier, *formellement exclue,* en raison de son mariage avec don Juan, roi de Castille, prince étranger. Clause résolue *au profit de Bragance-Portugal,* branche issue de Catherine (1), fille cadette d'Edouard, fils lui-même du grand Emmanuel, *contre la maison d'Autriche-Espagne,* sortie d'Isabelle (2), fille aînée de ce même monarque. Condition accomplie *en la personne et du fait* de dona Marie, seule héritière du roi don Joseph et *aïeule commune,* laquelle pour régner DUT, aux termes exprès du contrat fondamental toujours en vigueur, fait d'ailleurs qui tranche la question, coupe court aux débats et ne laisse aucun doute dans l'espèce, ni sujet de con-

Motif de l'avènement de D. Jean Ier. Regna vacantia et derelicta, absque rege *Instrum. elec.* 1183.

Regnum procul dubio, ad Catharinam spectabat, quia conciliis Lamæc. constitutum .... Deficiente masculâ prole, adciseretur *regis filia,* nisi fore *externo principi* collocata.

Manifest. 1641 et decret.

(1) Femme de Théodose de Bragance.

(2) Femme de Charles-Quint.

tention entre les prétendans actuels, *héritiers en elle, habiles à ce titre, et uniquement fondés et aptes à son droit* (1), PREN-

(1) Post annos fere sexcentos et quadraginta.... prima fæminarum mari fuit, cui maxime reipublicæ bono, lusitanum sceptrum obtinuerit, primaque lusitanarum reginarum, quæ conjugem regem fecerit, eadem quippe, *lamæcensi lege primæva*, quâ successore deficiente *virilis sexus*, ad maximam filiarum delabitur regni administratio, maritoque illius, si *Lusitanus* et ipse *princeps* sit.

CHOSE JUGÉE : aussi doit-on remarquer que tout *étranger* en Portugal, eut la prétention d'être *Portugais légitime*, ou du moins de suppléer à cette *indispensable qualité*, autant qu'il était en lui. Les fils de Béatrix devenue étrangère par son mariage, seront *amenés en Portugal*. . . os filhos se Trazao o Portugal ; Philippe II est Portugais, Lusitanus ex Eduardo, Austriacus de Portugal ; Don Pedre de Bresil, sent le besoin d'imposer un *époux portugais à sa fille étrangère ;* dona Maria de Para, *Bresilienne* se dit Portugaise et Bragance ; il n'est pas enfin jusqu'au jeune Leuchtenberg, qu'on n'essaie de rattacher à la tige d'Alphonse I^er^ : Leuchtenberg-Portugal. ..... *Risum teneatis*.

Juramento del rey de Castella, 1133

Anti. Manif. pro Phillip.

Acte d'abdication, 1826.

On verra finalement, que don Miguel I^er^ seul *Portugais naturel et légitime, né en Portugal, légalement élu et constamment uni à la nation contre l'étranger*, seul aussi dut être *exclu et banni*, sans

Seja natural e Portuguez legitimo...... Chap, II et III, du Peuple.

DRE POUR ÉPOUX, UN NOBLE PORTUGAIS, l'auguste don Pèdre de Bragance, son oncle paternel.

Aussi Joseph Ier s'empressa-t-il, en tel cas, désirant pleinement satisfaire aux *conditions du contrat*, lex primæva, de solliciter du Souverain Pontife les dispenses nécessaires à ce mariage.

Décret motivé et national enfin, qui investit le peuple d'un droit solidaire et indivis, établit en chacun de ses membres sans exception, une royale faculté et qui le mettant en demeure, laisse ce même peuple au même ordre et saisi des mêmes droits qu'aux jours d'Ourique et de Lamego.

Ici effectivement, noblesse, mais point de caste, ici le peuple (aussi le peuple fier de lui-même, satisfait de ses droits, proteste-t-il de toute sa puissance contre une constitution illégale et étrangère qui lui ravit ses priviléges les plus glorieux et l'atteint dans ses sentimens les plus chers et repousse-t-il de toute l'énergie de son caractère et de sa foi, un contrat imposé qui l'exclut et le flétrit) le peuple noble en soi, solidairement noble

doute, et nous le demandons humblement aux savans auteurs de l'exposé, aux termes et en vertu de la loi sacrée de Lamego.

Quelle politique, et surtout que de conscience et de probité!

Voir l'Exposé, p. 6, et les Pièces justific. où il renvoie.

aux termes de la loi, a-t-il individuellement droit et part à cette commune et glorieuse éventualité..

Faciamus in principio leges de hereditate regni....

La même loi en effet, la loi sacrée qui pourvut au trône, ne manqua point à cette habilitation individuelle, toujours progressive et constante.

Art. IX.
Noblesse, chose éventuelle pour chacun, selon Dieu et la vertu.

« Tous ceux qui sont vrais et légitimes « portugais et qui auront combattu pour la « personne du roi, pour son fils, pour son « gendre et pour la défense de l'étendard « royal seront nobles (1). Le fils de celui qui « prisonnier chez l'infidèle sera mort sans « avoir renoncé à sa foi, sera noble. Celui qui « aura tué un roi ennemi ou son fils, ou qui « aura pris l'étendard royal, sera tenu pour « noble; nobles à jamais et dans toutes les

Ancienne noblesse, sorte d'ainesse nationale.

Art. VIII.

(1) Et dixit procurator domini Regis : dicit dominus Rex, vultis facere leges de nobilitate et justitiâ ? Et responderunt omnes : « Placet nobis sit ità in nomine domini, » et fecerunt leges istas. »

Art. IX.

Qui non sunt de Mauribus et infidelibus Judæis sed Portugalenses, qui liberaverunt personam regis aut ejus pendonem in bello, sint nobiles. Si aliquis comprehensus, mortuus erit quod non vult esse infidelis, sed stat per legem Christi, filii ejus sint nobiles, etc.

« générations seront ceux enfin, qui combattirent dans la fameuse journée qui a affranchi la patrie. »

Si cependant et à pareil droit, le peuple restait nationalement saisi d'une faculté possible et éventuelle, une noblesse antique et illustre, jouissait de son actuelle possession.

Patriciat associé au trône, héritier du sceptre et sans égal à ce titre, qui doué par exception d'un auguste privilége, participait à la majesté, dont la couronne si haut qu'elle fût placée, illuminait le front et en qui toujours indivise et présente, résidait la royauté.

O honte cependant, l'émule, le continuateur de Vasconcellos, un traître né pour le malheur du trône et la ruine de la patrie, nourrit de lâches pensées et d'accord avec l'ennemi médite un affreux dessein. A peine il l'expliqua, cette noblesse l'applaudit, cette noblesse elle se dégrade, elle s'abdique, c'est entre elle émulation de bassesse, assaut de lâchetés, l'on court l'opprobre, l'on brigue le mépris.....

On comprend ici de quelle noblesse nous entendons parler.

600 officiers et plus sont morts glorieusement dans les dernières campagnes, en combattant pour le prince et la patrie, contre l'usurpateur et l'étranger.

Triste échange du signe d'honneur en stigmate igominieux elle déshérite son front du fleuron royal qui le pare, elle en détache volontairement cette parcelle auguste où se reflète la majesté.

C'est peu : dépôt national et sacré, le glaive et le sceptre sont en sa garde. Quelle pompe pourtant et pourquoi tant de hâte? Est-ce un monde conquis? Captif, lié de chaînes, serait-ce Addamastor? ou si noble épousée, l'on vit venir Thétis?...... Qui les presse en effet? Hérauts ou Paranymphes, ces grands où courent-ils?.... Ils courent, soins suspects! ils vont, coupable zèle! trafiquer de leurs droits, livrer gloire et patrie. Otages de Ceuta et vous fleur des quarante, votre ombre en a gémi!!... Qu'en diront les Freytas, les Pinto, les Nunez (1)? Vous, le soutien du trône et la dot de l'empire, chers gages, l'*étranger* vous reçut de leurs mains!!

Les Lusiades.

(1) Freytas ne reconnut un nouveau maître, que quitte envers le sien, et après avoir remis de ses propres mains les clefs de la place qu'il reçut en sa garde, sur le tombeau de son roi banni. L'image de Nunèz, grand connétable, figurait dans les bannières de l'armée avec celle de Jean Ier. L'homme national par excellence, Nunèz voulut à cet égard se survivre à lui-même, et prit soin que l'expression de son patriotisme, instruisît la postérité. Pinto rappela ses rois et affranchit la patrie!

« Si un noble est assez lâche pour fuir du « combat ; s'il n'a point exposé sa vie pour la « personne du roi et le salut de son éten- « dard ; s'il a rendu faux témoignage ; s'il a « dérobé à autrui, s'il a caché la vérité au « monarque ; s'il a déserté les armées de son « souverain pour servir les infidèles, s'il a « blasphémé ou tramé contre le prince, cet « homme noble sera dégradé de tout carac- « tère de noblesse, lui et sa postérité. »

Cause de dégradation légale, toute lésion majeure de droit divin, de droit naturel, politique ou civil.

Nobilissimes, on le conçoit, et vous fîtes sagement de répudier la loi fondamentale.

Mais quittons l'attentat et venons au scandale. Effectivement et quelque bas, quelqu'odieux que soit le premier, encore a-t-il pour excuse la passion ou l'effroi, encore peut-on lui supposer pour motif, l'entraînement, l'ignorance ou la haine : effet d'un acte libre et éclairé, rien de tel au second.

Il ne suffisait pas selon les termes, qu'en Portugal, dona Maria, princesse brésilienne,

(1) Nobiles si fugerint de lide, si non liberaverint regem aut pendonem,... si juraverint falsum testimonium,... si furtaverint de alienis, *si fuerint ad Mauros*, si blasphemaverint, si voluerint *mutare regem*, non sint nobiles illi, neque filios eorum per semper.

Art. X.

*fût incorporée à la* (1) *révolution*, il fallait encore au mépris de la loi, et à la honte de cet empire, qu'elle *s'incorporât à l'étranger*, et à un étranger né des *révolutions*. De la part de la révolte le but se comprend, que la royauté s'y prêtât, on put s'en étonner.

« La Sainte - Al- « liance repose sur le « principe de l'inter- « vention. » Sebastiani, 27 janvier 1831.

« La signification « de *non intervenir* « est une déclaration « de mort à la Sainte- « Alliance. » Guizot, janvier 1831.

Et au demeurant que la condition, de non-intervenir, imposée à la légitimité et à elle seulement, quand le principe contraire est la première obligation de son pacte et une nécessité de son être, soit chose agréée d'elle, nous y consentons : qu'ainsi par l'abnégation d'un tel droit, mise en état d'interdiction, réduite en servage, confinée, elle cesse d'être unie et solidaire, rien de mieux; que par ses discours, que par ses actes, elle prouve et confesse, qu'elle n'est plus même *la royauté*, soit encore! Mais si en pareille question, elle ne dut point intervenir, POUR, encore est-il vrai (jusqu'ici du moins l'alliance ennemie, que nous sachions, ne lui a point imposé cette condition), que rien

*Voyez* Question portugaise et Manif. de la junte de Valence.

(1) « Les droits de dona Maria sont incorporés avec « la liberté. — Isabelle II s'identifie avec la charte. » Même cause et mêmes termes.

ne l'obligeait à intervenir CONTRE. Nous demandions la neutralité.

Ici la question était de droit fondamental, la raison, l'équité l'admettaient, d'accord; chose nationale, affaire de famille, la politique l'avouait ainsi. Le préjugé même, hostile à la personne et qui à cet égard ne transigeait pas, respectait le principe et s'arrêtait devant la loi. Pour aller plus loin, le concours des cabinets était-il donc nécessaire? fallait-il le ministère Wellington?

Epée remise à Leuchtenberg, délaissement de la princesse de Beyra.
Quel discernement et que d'équité !

« Il faut parler aux rois avec des paroles de soie, a dit un homme d'Etat fameux, chose difficile, avoueront-ils eux-mêmes en un siècle d'airain et de fer; quoiqu'il en puisse être, usons ici de modération et de respect. Ajoutons seulement à défaut de blâme et pour tout sauver, que les rois dans l'ardeur de leur tendresse n'examinèrent point suffisamment *les titres* du premier candidat de leur choix (1), ou plutôt qu'il *y eut erreur de leurs chancelleries*.

Le cardinal de Richelieu.

(1) « Son père, bourgeois d'Orléans et fort riche, « avait obtenu des lettres-patentes pour changer son « sot et ridicule nom.....»

Mémoires du duc de Saint-Simon, sous l'année 1696.

Et toutefois pourtant, et aujourd'hui encore, un problême ici reste à résoudre. D'où vint en effet, cette prédilection exclusive des rois, à l'égard d'une famille sans nom même et sans patrie? Pourquoi ces préférences inconcevables en sa faveur? Quelle cause assigner à ces distinctions au moins singulières, accordées au sang de la première épouse de leur vainqueur? Erreur ou préjugé, comment s'expliquer enfin cet empressement infatigable, à le mêler au leur, à le rapprocher de la pourpre, à l'en revêtir de concert et toujours *de moitié*, avec *l'usurpation?*

Croirait-on que les rois eussent perdu toute mémoire? qu'insoucians de l'avenir ils missent le passé en oubli? Repentans et soumis, serait-ce qu'ils dussent réparation à la victoire, hommage au conquérant, tribut au souvenir? Qu'ils voulussent d'accord et leur frayant la voie, rouvrir le Panthéon, rendre le Capitole aux neveux du héros, déshérités à tort et injustement bannis?

Qu'ils s'épargnent ce soin, l'œil actif, la main prompte (1); cette famille est à tout et

(1) *Nota benè*. Cette famille dispose de 200 millions

n'a rien oublié, elle-même sans eux se rappelle ses droits à plus d'un trône, elle-même encore et sans eux, énonce ses légitimités.

Mais non sans doute et son manifeste est lancé : humble à l'avenir et désintéressée, l'*Empire n'occupe plus ses pensées, ni le Diadème ses vœux ; plus de despotes désormais, ni de tyrannies!... Elle attend que le peuple lui rende une patrie d'où l'ont bannie un million d'étrangers, et ce qui dans l'exil, fortifie le cœur de chacun de ses membres, c'est l'espoir de la servir un jour comme citoyen ou comme soldat.*

*Voyez* la Vérité sur les cent jours, par Lucien Buonaparte. Londres, 1835, et Lettre de Napoléon Louis Buonaparte. Arenenberg, 4 décembre même année.

Le peuple, ses magistrats, la république enfin..... Il suffit; et autant que nous les rois savent par expérience, ce que c'est qu'un *consul* de la république, et surtout qu'un BUONAPARTE CONSUL

Mais le Ciel retrancha de l'arbre monarchique un rejeton étranger, greffé sans sève, elle y sécha sans fruit.

Voici pourtant que déjà la royauté s'in-

de francs. La vraie république est là, et là où se trahit la république, là aussi elle se rencontre. *Omnia serviliter pro dominatione.*

quiète, et qu'elle se hâte et s'empresse, comme si la royauté même allait faillir ou qu'elle dût un époux à l'*usurpation*.

On nomme un prince de Saxe (1), un prince de Saxe, et pourquoi?

Qu'importe effectivement, la Saxe au Portugal, qu'y a-t-il entre vous et moi pourrait dire ce dernier à la première? et quel rapport enfin existe-t-il entre la descendance d'Henri de France et d'Emmanuel-le-Grand et celle d'Ernest ou d'Albert de Saxe-Misnie?

En toutes choses, mesure et différence, ainsi donc gloire et gloire, majesté et majesté.

De quel poids en effet qu'ait pesé sur le Nord la hache des Saxons (et nous ignorons d'ailleurs en quoi la Saxe a bien mérité du monde) (2), nous ne connaissons guère la

(1) Saxe-Ancien : Anhalt-Saxe : Saxe moderne : Misnie. Distinguons.

(2) Si ce n'est apparemment pour avoir produit Luther, artisan véritable de toutes les révolutions modernes sans exception. Effectivement, et comme parle Bonald, « le Mahométisme ne séduisait que les sens, « la Réforme a séduit l'esprit par le sophisme, le cœur « par la cupidité, les sens par la volupté. » La lutte est là.

nation saxonne, que pour la voir courbée avec Witikind (1) sous l'épée victorieuse de Charlemagne, ou la retrouver écrasée avec Harold sous la massue invincible de Guillaume.

Ici c'est la nation Cantabre personnifiée dans ce Viriatus qui traitant d'égal avec Rome, soutint seul l'effort de sa toute puissance, que cette même Rome assimila de nom à (2) son propre fondateur, et que seul encore entre tous, elle n'osa flétrir de celui de vaincu; nation qui ne subit entièrement le joug, ni de Pompée, ni d'Auguste même, et dont le sang uni à l'illustre sang des Goths, l'honneur de la Germanie et l'effroi du Capitole, resta pur de mélange et ne perdit rien de sa splendeur.

L'an 604 de la fondation de Rome. *Voy.* ce Traité dans Tite-Live.

L'honneur en commun, à chacun sa gloire.

On compte effectivement des actions loua-

(1) Witikind, qui se soumit à Charlemagne, fut tué par Gerold de Souabe en 789, ne laissant qu'un fils Wipert ou Robert, qui *a été la source chimérique de quantité de grandes généalogies.*

Flodoard, Annal., Bertiniani.

(2) Fuisse Hispaniæ Romulum si fortuna cessisset... Hanc hosti gloriam dedit non aliter (absque dolo) vinci posse.

bles et singulières, des actions nationales et héroïques; il en est d'universelles, et à ce titre plus illustres; mais si ces actions uniques et incomparables de leur nature, ne sauraient se reproduire, si leur exemple ne peut avoir d'imitateurs, si cet acte impartageable de lui-même, épuise la destinée, ferme la carrière et déshérite l'avenir, qui parlerait encore de renommée ou qui oserait s'égaler?

Un globe avec ces mots : *Primus circum dedit*, était la devise d'Emmanuel, devise que par un instinct prophétique D. Juan II lui avait donnée.

Le Portugal ouvrit les mers, explorateur du globe, le premier il en traça le tour, navigateur et conquérant, il signala, soumit, occupa tout à la fois, l'Afrique, l'Asie, deux autres mondes; patrie de Gama, berceau de Magellan, il fut l'école de Colomb.

Sagres, le Promontorium sacrum, la demeure choisie de D. Henri; Lisbonne, le port de Colomb et de Gama.

Littus saxonicum, la côte des pirates.

Et maintenant que nous veut la Saxe? qu'irait chercher la Saxe, sur cette terre de grands souvenirs? une fois encore qu'y a-t-il de commun entre la Saxe et le Portugal, entre les champs glorieux, de Tribola, d'Ourique et de Tolose et les combats d'Hersburg et d'Hastings? en un mot qu'ont à démêler les ports sacrés d'Olyssipo et de Sagres, avec les bords obscurs du Weser ou l'Arène désolée du rivage Saxon?

De nos jours comme au temps de la réforme, la maison actuelle de Saxe, serait-elle vouée à la révolte, l'usurpation est-elle sa dot?

Voir note C.

Maurice de Saxe spoliateur de sa famille (1), et persécuteur à ce prix, Maurice ami ingrat, sujet rebelle, sous prétexte de conscience, arma l'insurrection contre un bienfaiteur et un maître, et fauteur d'anarchie, le premier sur ses drapeaux arbora pour symbole, *le bonnet de liberté placé entre deux poignards*. Un de ses successeurs, nouvel Hystiée (2) et comme lui peu soigneux

(1) Maurice de Saxe fut investi des biens et de l'électorat de Jean-Frédéric, chef de la ligue de Smakalde, lequel fut pris les armes à la main, à la bataille de Mulberg, combattant contre l'empereur en personne.

Robertson, Hist. de Charles-Quint, 24 août 1547.

« Maurice, quoique protestant, avait aidé d'abord « Charles V à detruire la ligue. L'ambition, dit Vol- « taire, l'avait porté à seconder ses vues, l'ambition « l'en détacha. »

Traité de Passaw, 12 août 1552.

(2) Hystiée, grec de naissance, devenu roi de Milet à la faveur des Perses, empêcha ceux qui étaient bien intentionnés pour la Grèce, de rompre, à la prière des Scythes, le pont que Darius avait construit

du salut de sa patrie, assura depuis une retraite au *despote* et réparant sa *fortune*, lui rendit la puissance des combats.

Aujourd'hui deux princes du même sang, héritiers de leur politique et instruits à leurs exemples, devraient - ils à leur tour et comme apanage réservé à leur maison, grandir de toute discorde, profiter de chaque révolution, s'en faire un patrimoine et à la face des rois légitimes, *intrus eux-mêmes*, s'asseoir impunis sur *deux trônes usurpés* (1).

Il est des terres, dit-on, chéries du ciel et douées d'une vertu salutaire, sol privilégié où la plante vénéneuse ne peut croître, où l'hydre et le serpent trouvent la mort, la péninsule est ce sol qui dévore *l'usurpateur*

Non regnet... moriatur!.... Lex Lamæc., art. XX.

sur le Danube, dans son expédition contre eux; action qui, coupant sa retraite, eût occasionné la perte du conquérant, et à jamais délivré la Grèce de l'invasion des Perses, invasion tentée par ce prince et qu'après lui renouvela Xercès.

(1) Saxe-Cobourg, branche luthérienne.

Et dona Maria de Para, au titre feint de *Bragance* et supposée reine *très-fidèle*, ose dire au Portugal : MA DYNASTIE...... La dynastie et de qui? de l'infidèle ou de l'étranger? Double adultère!

Voir note C, dern. parag.

Si fuerit ad mauros... Si non stat per legem Christi... Non sit nobilis... Non regnet. Art. IX et X.

*et le rebelle;* arrivé dans le Tage et près du lit nuptial, que le fiancé s'arrête et contemple deux tombes.

Les rois cependant, qu'ils craignent à leur tour! Alliés de la révolte, ce n'est point assez pour eux de lui dire, *ma sœur*, ils lui cherchent un *époux*, et témoins complaisans, Proxenètes couronnés, quand l'usurpation lui donne la main, assistent à l'hymenée, une race en doit naître qui vengera ce crime.

Eh quoi donc! quoi! toujours en contradiction avec eux-mêmes, ils parlent d'autorité et glorifient le rebelle; ils se disent légitimes et pactisent avec l'USURPATION; ils vantent leur sagesse, font parade de leurs sympathies, et en même temps (qu'un tel sort ne leur soit point réservé!), et dans la Péninsule, accolant la mort à la vie, liant la révolte à la royauté, ils condamnent un peuple héroïque (1), ils soumettent un roi gé-

Voir note D.

(1) L'Espagne et le Portugal, monarchies-sœurs parties du même tout et soumises aux mêmes vicissitudes, souffrent des mêmes maux et vivent de la même vie. L'épée que reçut Leuchtenberg fut armée contre

néreux au supplice lent et affreux inventé par un tyran, qu'*indigné de ses excès son peuple bannit enfin.*

Mezence : Mortua quin etiam jungebat corpora, vivis.... Et sanie, taboque fluentes.
Complexu in misero, longa sic morte necabat.

La terre crie vengeance, le ciel fera justice.

Et quand les rois frappés de vertige et d'erreur, quand les rois complices aveugles des révolutions, se font de plus ses appariteurs et ses ministres, qu'ils arment l'attentat, que mêlés au scandale, ils aident à l'éclat et trempent dans le crime, ne redoutent-ils point que quelque parole fatale ne sorte enfin de la bouche d'un monarque indignement trahi, et croiraient-ils enfin que les justes imprécations d'Edouard de Bra-

*Voyez* la Lettre de Palmerston en réponse à l'évêque de Léon et ses derniers discours.

l'Espagne monarchique, celle qu'on aiguise au Saxon, va droit au cœur de don Carlos.

Eh quoi l'ordre à Madrid et l'anarchie à Lisbonne! autant vaudrait-il dire, à Lisbonne, les Maures, à Madrid, les chrétiens. Non, et quelle que soit la pensée des rois, qu'ils n'espèrent point de restauration solide et de quelque durée en Espagne, sans le rétablissement, de l'ordre et des droits en Portugal.

*Voyez* la coïncidence réelle des évènemens de 1820, 1823 et 1833, dans les deux pays.

Qu'ils y songent sérieusement toutefois! Effectivement L'ESPAGNE AUJOURD'HUI, L'EUROPE DEMAIN.

gance, si lâchement opprimé eussent moins de poids dans celle de don Miguel?

Edouard de Bragance, mort prisonnier en Autriche, comme responsable de l'avènement de Jean IV. *Voyez* le traité de ce prince avec Louis XIV, 2 septembre 1649.

« Dieu sans doute me vengera sur vous « qui n'êtes pas plus privilégiés que moi, « issu que je suis du sang royal de Bra- « gance. »

On connaît l'effet de l'anathême (1).

L'antiquité parle d'un temple dont le prêtre, pontife et roi, devait être un esclave fugitif, un meurtrier, qui par *trahison* et par *surprise* eût mis à mort son prédécesseur, lui-même et à pareil prix, devenu pontife et monarque.

Le temple de Diane Aricie. Le prêtre de ce temple, *rex nemorensis,* incessamment menacé, avait toujours *l'épée à la main.*

*Voyez* Sueton, in Calig.

Les souverains accepteraient-ils cet ordre de succession et établiraient-ils à leur propre égard le code de meurtre et de trahison de l'esclave-roi?

L'autorité toujours en péril, incessamment menacée, ne devrait-elle plus exister qu'à ce droit, et l'empire acquis ainsi, serait-il désormais, de l'aveu des monarques sans cesse armés et en effroi, semblable de

(1) Moins d'un siècle après, la lignée masculine de Haspbourg par Maximilien d'Autriche avait cessé de régner en Autriche et en Espagne.

sa nature à celui de l'odieux sacerdoce, dont l'histoire ne nous instruit que pour témoigner de son horreur?

Discours de Salles de la Meurthe, conventionnel.

Voudraient-ils justifier cette imputation de leurs bourreaux : « que le plus vil des tyrans « leur promît-il une chance de plus en faveur « de leurs intérêts, le soin de leur trône en fe- « rait à l'instant leur allié. »

Ou plutôt enfin, ces potentats superbes, arbitres du sort, colonnes de l'alliance, ces rois, en un mot, qualifiés des titres pompeux et magnifiques, d'*augustes*, d'*équitables*, de *pieux*, qu'ils acceptent ou réclament, mériteraient-ils par des actes iniques et impies, et en se *dérobant, se surprenant l'un l'autre*, exposés qu'ils sont d'ailleurs aux plus instans périls, aux prises de nouveau avec la révolte et en face de l'usurpation, l'application de ces paroles terribles, flétrissantes et *toutes de situation*, ajoutées en d'autres temps aux hontes et aux désastres d'autres souverains, leurs prédécesseurs ?

Mot historique du ministre de Danemarck à Paris en 1794.

« Les coalisés ressemblent à une troupe de « misérables qui se volent dans les poches « pendant qu'on les mène à la potence. »

SCANDALE !!! ATTENTAT !!!

# NOTES.

## Note A.

Nul doute que les révolutionnaires n'arguent en cette circonstance de l'exemple une fois donné d'une dérogation semblable (dérogation d'ailleurs restée sans effet), à l'occasion du mariage projeté de l'infante fille de D. Pèdre, depuis second du nom, alors régent *douteux*, avec le duc de Savoie. « Il y avait un « grand obstacle à lever dans ce mariage, la chose « étant diamétralement opposée aux lois du royaume. » Les Etats du royaume néanmoins. ou soi-disant tels, qui avaient *osé plus*, consentirent, sans toutefois que *cet exemple* pût *tirer à conséquence*, à ce que ladite infante épousât un prince étranger sans perdre ses droits à la couronne.

11 décembre 1679. Memorie historiche de Portugalle.

Déposition du roi. « Nous jurons d'o- « béir à D. Pèdre « comme *frère et cu-* « *rateur* du très-haut « et excellent roi Al- « phonse VI. » 9 juin 1668. Et maintenant comment le frère u- sa-t-il de la curatelle?

Observe-t-on cependant que cet acte insolite et abusif fut passé *du vivant* du roi Alphonse VI, et sans son *aveu et consentement*, et que ce roi en effet, et quoi qu'on ait pu dire, pour casser son *mariage* et lui ôter *l'administration du royaume*, n'était ni impuissant ni insensé ; considère-t-on que les Etats, surpris et illégalement assemblés, *ne prirent point sur eux*, malgré *de coupables conseils*, d'attenter à son *titre de roi*, en le *déposant de l'empire ;* sait-on enfin que *la noblesse*, non seulement *la plus grave*, mais encore *celle qui suivait le parti de D. Pèdre*, *resta en cette circonstance très-scandalisée du procédé*, *disant qu'on avait agi inconsidérément et avec trop de rudesse*, et qu'elle se croyait en état *de damnation* pour y *avoir participé*, on est forcé de conclure que cet acte criminel et contraint, de *cortès illégitimes et sans droit*, et ici il y a *similitude et parité*, ne peut en aucun cas faire *autorité*, entaché qu'il est d'un vice radical, et nul de toute nullité.

Don Pèdre convoitait la femme et le trône d'Alphonse son frère et son roi. Lui vivant, il s'empara des deux par violence et par intrigue.

Qu'on juge donc par l'action du frère, de la légalité des actes du régent !

Robert Southwell, [illegible] 1667.

Si le prince effectivement, ne peut de son seul et unique mouvement, *abroger le pacte fondamental* par lequel *il est*, encore moins les Etats, et l'on ne saurait trop abonder dans ce sens, sont-ils en droit de *l'altérer* en *l'absence* et *sans l'aveu* du monarque certain, légitime et injustement opprimé.

Principe établi, par l'approbation d'Alphonse III, régent lui-même, donnée en pareille circonstance, à la conduite de Freytas.

Voir pag. 20.

## Note B.

Monarque ou régent, quelque qualité qu'on lui suppose, D. Miguel eut indubitablement ce droit, droit d'urgence et de nécessité.

Alphonse Ier, à la fondation de la monarchie, roi nommé, mais non encore reconnu, assembla de droit les Etats, *vocavit episcopos, viros curiæ et procurantes bonam prolem per suas civitates*, et le peuple entier obéit à son mandement et le proclama roi, *nos sumus omnes cùm filiis, filiabus neptibus et nepotibus ad vestrum mandare*, *et dixerunt omnes : nos volumus quod sit rex !*

Ad regium solium nuper sublimatus.... *Instrum. Lamæc.*
In solio regio sine insigniis regiis.

Sacra lex lamæc., 1143.

Jean Ier dans la vacance du trône, *régna vacantia et derelicta*, et seulement comme *défenseur nommé* du royaume, appella les Etats à Coïmbre, *prœlati, milites et procuratores*, qui l'élurent, *ad regna regenda, gubernanda et tuenda*.

Instrumentum electionis Joannis. Coïmbre, 1383.

Jean IV, long-temps sujet de Philippe, et en cette qualité engagé à lui, même par serment, mais délié en vertu de son droit et du vœu national, *prœclaro facinori non obstitit juramentum*, réunit les cortès à Lisbonne, où il fut déclaré souverain au

Manifeste, 1641.

Convocation des états de Lisbonne, 1641.

titre de la loi de Lamego « ce qu'il voulut expressément « pour ne laisser aucun scrupule dans l'esprit des « Portugais ni n'en point garder dans le sien. »

Volebat pacifice stare judicio....

Don Miguel à leur exemple « se rend avec *une circonspection discrète* au vœu généralement *exprimé* par les trois ordres du royaume, *clergé*, *noblesse et peuple*, qui le supplient « de convoquer immédiatement « les Etats du royaume d'après les anciens usages et « coutumes. » Les sermens en un mot sont maintenus, les formes observées, les conditions remplies, examen, formule, cérémonies, jugement, rien ne manque à *l'acclamation*

*Voyez* la supplique et déclaration, 1828.

Mais de plus et ce qui assure incontestablement la validité desdits Etats, c'est que don Miguel en les assemblant, n'usa pas seulement d'*un droit*, mais encore accomplit *un devoir*. Effectivement Jean VI, père commun, et monarque certain et indubitable, en avait ainsi et précédemment *ordonné* aux termes de la loi fondamentale et de l'ancienne Constitution, « je dé- « clare en vigueur l'ancienne Constitution du royaume « en convoquant les trois cortès, des trois Etats. »

4 juin.

Tria brachia regni.

Volonté suprême et dernière, que don Miguel, prince national et fils obéissant, outre la demande des trois ordres qui réclamaient l'assemblée des Etats tant pour *la reconnaissance solonnelle des droits*, que pour l'*abolition d'une Constitution intruse et étrangère au Portugal*, rappela *avec respect* dans son décret de convocation, considérant cet acte « comme une « *nécessité déjà reconnue* par le roi son père et sei- « gneur dans sa carta del ley du 4 juin 1824, » et se

Constitution de D. Pèdre, 3 mai 1828.

réservant ainsi de remplir *son mandement en faisant droit à la nation*.

Or il est de principe, que la chose soit jugée au lieu où elle est, selon la loi positive, et sans égard d'autres coutumes et usages, impertinens à ce fait. N'est-il donc pas injuste autant qu'insensé, et cela contrairement aux termes et à la raison, de préférer ici la loi étrangère, à la loi nationale, le décret de don Pedre à celui de Jean VI, la colonie à la métropole et l'autorité de Rio-Janeyro à celle de Lamego?

Præfat. *jur. civ. Portug.* Soutiendrait-on pourtant que la loi de Lamego dut être écartée en raison de ce qu'elle est la plus nationale, la plus explicite et la plus parfaite?

Maintenant quels furent les vrais et légitimes Etats, et conséquemment quel dut être et quel est en effet, l'*héritier* et *véritable monarque?* l'on en peut juger.

Ordo in regni successionibus, servandus primis regni conciliis apud Lamæc. Habitis potissimum, continetur. Hist. jur. civ., Freir. Mellii, et tous les auteurs nationaux et étrangers. Cons. Monteiro, Vasquez Connest, Vertot, Malte-Brun, etc.

## Note C.

Le plus ancien roi de Saxe que nous connaissions fut Hatteric, dont le fils Anseric régnait au temps de la naissance de Jésus-Christ. Les Saxons d'alors habitaient entre la Sala, l'Oder, l'Issel et la mer germanique.

Vaincus par Valentinien, cette défaite, rapporte-t-on, les partagea en deux corps, les uns passèrent en Bretagne avec Hengist, et les autres s'emparèrent des pays aux environs da l'Elbe.

La maison d'Anhalt-Ascanie en tire son origine.

Betenthobalde régnait sur la Saxe au troisième siècle, et il paraît certain que Witikind en était descendu. Au dixième siècle la Saxe passa de la lignée de Rodolphe neveu de Witikind à celle d'Herman de Bellingen, puis dans la maison de Supplinberg, d'où il arriva que Lothaire, sorti de cette lignée et devenu empereur, donna sa fille avec la Saxe à Henri de Brunswich dit le *Superbe*, déjà duc de Bavière. Albert-l'Ours de son côté, en qualité de petit-fils de Magnus, dernier duc de la maison de Bellingen, et descendant de la première maison régnante, prit possession de la Basse-Saxe, qui passa toute entière à sa maison, lors de la

Albert l'Ours, fils d'Othon-le-Grand, duc d'Ascanie.

confiscation des Etats d'Henri-le-Lion, mis au ban de l'empire pour fait de rébellion et de violence : c'est ce qu'on nomme, *Saxe-Ancien*. 1171.

En 1423 *seulement*, l'empereur Sigismond, après la mort d'Albert III, d'Anhalt, voulant récompenser les services de Frédéric, marquis de Misnie, lui concéda cet électorat, sous le *prétexte frivole*, que la maison d'Anhalt, qui y avait *tous les droits imaginables*, n'en avait point assez tôt réclamé l'*investiture*. C'est *Saxe-Moderne*.

Misnie. Deux maisons y régnèrent avant celle qui parvint à l'électorat de Saxe. L'auteur de cette dernière est Conrad, comte de Wettin, descendu lui-même d'un certain Thierri de Busicy, qualifié de noble thuringien, lequel Conrad obtint en 1127 l'investiture de la Lusace et de la Misnie.

Eric V d'Anhalt et Saxe-Lawembourg cependant, à qui l'empereur Sigismond avait refusé l'électorat qui lui *revenait de droit*, protesta contre *cette injustice*, et en appella au concile de Bâle. Jean II de Lawembourg reprit le procès devant l'empereur Frédéric II, mais également sans succès, Magnus, duc de Saxe-Lawembourg, fut même obligé par le crédit du détenteur de s'abstenir du titre d'électeur, quoique protestant toujours contre la violation de ses droits. Jules-François enfin, dernier duc du nom, renouvella ses prétentions sur l'électorat et en prit même les marques dans ses armes, définitivement un traité de succession mutuelle fut conclu entre lui Anhalt-Saxe-Ancien, et le possesseur d'alors, Jean Georges de Misnie, Saxe-Moderne, et ainsi se termina la contestation. 1671.

Une prétention de la Saxe, c'est d'avoir reçu la *première* les doctrines de Luther. Ses princes en particulier, ardens sectaires et chauds partisans du réformateur, s'en firent d'abord les champions et l'assistèrent constamment dans ses prédications et dans ses actes, si bien que sur ce fait et à bon droit, l'hérésie eût pu les qualifier de *très-fidèles*, et aussi l'électeur de Saxe était-il considéré en quelque sorte, comme le *chef des protestans*, avec ce titre, *director corporis, evangelicorum*.

En tout quel contraste avec le Portugal!!

Né en 1412, avant l'investiture de Frédéric-le-Belliqueux.

Frédéric de Misnie dit *le Pacifique*, issu de Frédéric l'usurpateur, est l'auteur des deux branches Ernestine et Albertine dites ainsi du nom de ses fils Ernest et Albert.

Morery, édit. 1733, Supplément.
*Le Sage* dissimule ce fait.

Saxe-Cobourg (Ernestine). L'orgueil princier de cette maison ducale, essuya un rude échec, vers le milieu du siècle dernier. Antoine Ulric en effet, fils de Bernard, et qui régna depuis lui, s'étant mésallié en épousant Philippe Cesarée *dont l'on tait le nom*, dut obtenir pour elle au mois de décembre 1727, un décret impérial qui l'élevât au rang *de duchesse* et à la dignité *de prince*, avec *ses enfans et héritiers*, avec défense aux mêmes enfans de se *mésallier à l'avenir*, sous peine d'être frustrés *des grâces accordées par ledit décret*.

Voir aux archives du conseil aulique, à qui ce décret fut remis par l'empereur pour être examiné et vérifié. 1730.

NOTE D.

Don Pedre absent par choix, étranger par option, don Pedre volontairement déchu, et quant au Portugal frappé de mort politique, *du vivant* même de *don Jean VI père commun*, prétendit vainement à défaut de qualité et de droit et par voie d'abdication, *habiliter* dona Maria sa fille aînée, dona Maria *exclue en don Pedre*, et qui ne fut jamais fille *d'un roi de Portugal*, n'en demeura pas moins incapable *de régner*.

Si fuerit mortuus primus filius vivente patre, secundus erit rex. Art. II.

Si rex Portugalliæ habuerit filiam...... Art. V.

Don Pedre effectivement avait perdu ses droits par plusieurs motifs dont un seul eût suffi pour l'exclure, et dona Maria conséquemment ne pouvait être admise à la succession, sur ce principe « qu'aucun n'est apte à donner ce qu'il ne possède pas. » Et de plus par cette raison « que dans le cas même ou nonobstant la « perte de ses droits, la loi eût appellé un des enfans « de don Pedre au trône de Portugal : ce n'était point « sa fille aînée, mais l'aîné de ses enfans mâles qui y « devait monter ; » de telle manière « que supposant en don Pedre, *père d'un fils*, le droit de partager ses Etats, faculté qu'il refusa à Jean VI arbitre légi-

*Voyez* les actes et décisions des trois Etats. 11 juillet 1828.

*Voyez* acte de reconnaissance de don Pèdre Joao, prince impérial et premier enfant mâle, né le 2 décembre 1825. Rio-Jan., 2 août 1826.

time et monarque indubitable, il ne put disposer du Portugal au préjudice de l'héritier légitime, pour en doter dona Maria véritablement *inhabile et comme fille et comme sœur.* »

Comme fille et comme sœur. Brésil et Para.

Comme veuve et comme épouse.

Leuchtenberg et Cobourg.

Et encore moins, s'il est possible, et c'est aujourd'hui la question; dona Maria, peut-elle désormais régner en Portugal, *fille et veuve,* pour s'être *mariée et remariée à un étranger,* ce qui est en opposition formelle, aux lois et contrats de Lisbonne et Lamego.

On parle cependant, ce qui prouve que jusqu'ici elle resta douteuse et indéterminée, de fixer irrévocablement l'*hérédité.*

Les uns, ajoute-t-on, désirent déclarer la jeune Amélie, fille de don Pedre et de la sœur du prince de Leutchemberg, héritière du trône, dans le cas où dona Maria mourrait sans enfans, d'autres, voudraient nommer la princesse Isabelle Marie sœur de don Miguel, ancienne régente du royaume, et après elle, l'infante marquise de Loulé.

Gâchis politique, qui trahit les embarras de la *faction,* en contradiction avec elle-même, et dont tout l'effort ne peut couvrir le vice radical de l'*usurpation.*

Le troisième parti, enfin, dit *des sages*, proposerait, *Brésil* et *Bragance alternant*, la princesse Isabelle Marie, et après elle Amélie ci-dessus mentionnée.

Mais, objecterons-nous, sans même tenir compte du mariage inégal dont elle est issue, cette dernière *pure Brésilienne* est ici et de toute évidence, *hors de cause et sans droit.* Effectivement, et quoi qu'on puisse penser de *l'abdication* de don Pedre et *des effets* de cet acte en faveur de dona Maria, en dona Maria

Termes de l'acte d'abdication.

constituée *reine régnante pour gouverner le Portugal*

*d'une manière indépendante du Brésil*, don Pedre épuisa la faculté qu'il s'attribua, d'*élire et de distraire*, et sépara distinctement et définitivement, les *lignes* et les *empires*.

Chose jugée, en dona Januaria, née du premier mariage de don Pèdre, et *exclue de la succession de Portugal*, en raison de ses droits reconnus *au Brésil*, en qualité *d'héritière presomptive*, et réciproquement de la part du Brésil, à l'égard de dona Maria. Rio-Janeiro, 30 octobre 1835.

Que si pourtant, l'on rappelle, l'infante Isabelle, Marie, à qui le trône d'ailleurs, *appartient incontestablement* après don Miguel, pourquoi exclure celui-ci prince national, et dont à ce titre, le droit indubitable est avoué?

Ainsi donc en Portugal et hors le droit, partout, confusion, désordre, impossibilité.

Ainsi frappée d'un double anathème, exclue de la communion religieuse et sociale, une faction rebelle et impie, opprime la nation catholique et fidèle.

*Voyez* l'allocution de Grégoire XII, 1er février 1836, et les articles de la Sainte-Alliance.

Peuples héroïques et chrétiens quel secours implorer? et qui dans cette lutte sanglante et désespérée, vous assistera contre l'enfer?

ET ECCE MICHAEL.......

---

Paris.— Imprimerie de G.-A DENTU, 1 *bis*, rue d'Erfurth.

www.ingramcontent.com/pod-product-compliance
Ingram Content Group UK Ltd.
Pitfield, Milton Keynes, MK11 3LW, UK
UKHW021520260726
13993UKWH00004B/1789

9 782329 171258